Valenciennes 16 Nov 1908

CATALOGUE

CATALOGUE

DES

TAPISSERIE ANCIENNE

MAQUETTE POUR TAPISSERIE

Important & Riche MOBILIER

ARGENTERIE

VINS, LIQUEURS

A VENDRE par suite de décès

à Valenciennes, rue de la Nouvelle Hollande n° 19

Les **Lundi, Mardi, Mercredi** et **Jeudi 16, 17, 18** et **19 Novembre 1903**, *à une heure et demie après-midi,* M. Charles GOSTIEAU, commissaire-priseur à Valenciennes, procédera à cette vente.

Cet important et riche mobilier a été décrit en un procès-verbal d'inventaire tenu par Mes ROGER et DELCOURT, notaires à Valenciennes, en date au commencement du 4 Septembre 1903.

Les photographies ont été exécutées par M. J. DELSART photographe à Valenciennes.

EXPOSITIONS :

Particulière le 13 Novembre, de neuf heures à midi et de une heure et demie à cinq heures du soir.

Publique le 14 Novembre, aux mêmes heures.

CONDITIONS

La vente aura lieu aux conditions ordinaires des ventes.

1· Elle se fera au comptant.

2 Les acheteurs acquitteront en sus du prix d'adjudication 10,50 0[0 applicables aux frais. Ils paieront en outre les droits de régie et de commune auxquels la vente des vins et liquides donnera ouverture.

3· En cas de contestation sur une enchère, l'objet en litige sera immédiatement remis en adjudication et le public admis à enchérir.

4· Le Commissaire-priseur aura la faculté de réunir et de subdiviser les lots.

5· L'exposition publique mettant les enchérisseurs à même de se rendre compte de l'état et de la nature des objets, il ne sera admis aucune réclamation, une fois l'adjudication prononcée.

6· Il pourra être apportée par le Commissaire-priseur, toute modification que bon lui semblera, tant dans les détails des vacations que dans l'ordre numérique indiqué au catalogue.

ORDRE DES VACATIONS

Lundi 16. — Tous les objets photographiés et meubles.

Mardi 17, Mercredi 18, continuation de la vente des meubles et de l'argenterie.

Jeudi 19. — Les vins et liqueurs.

Planche I.

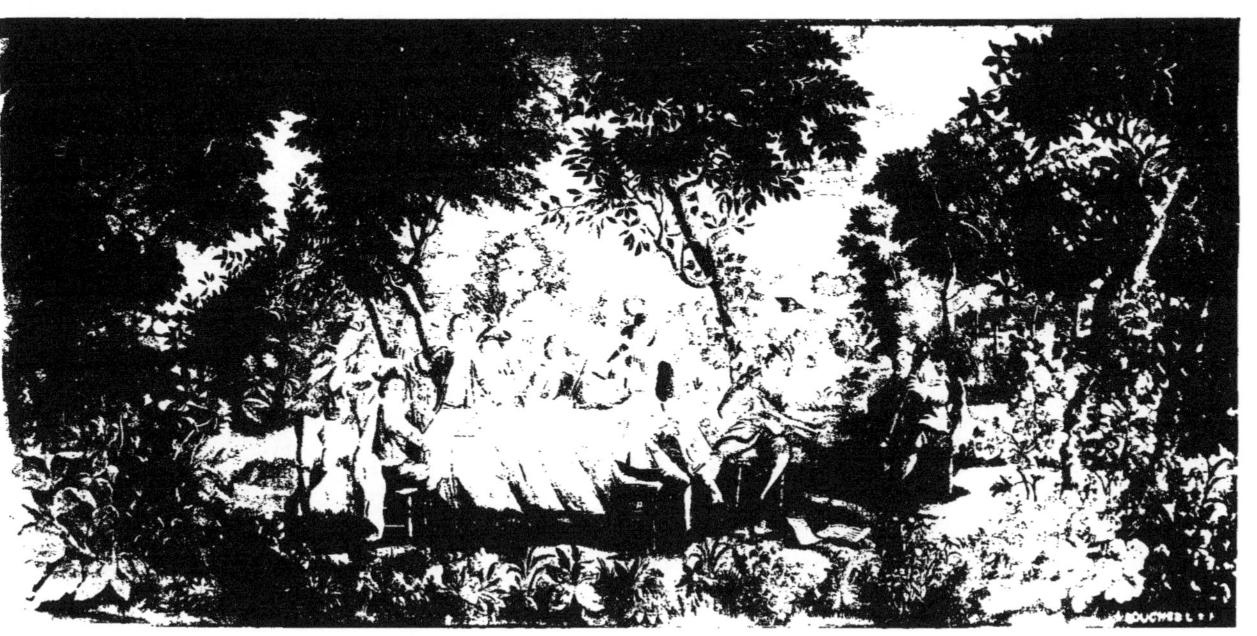

Planche II.

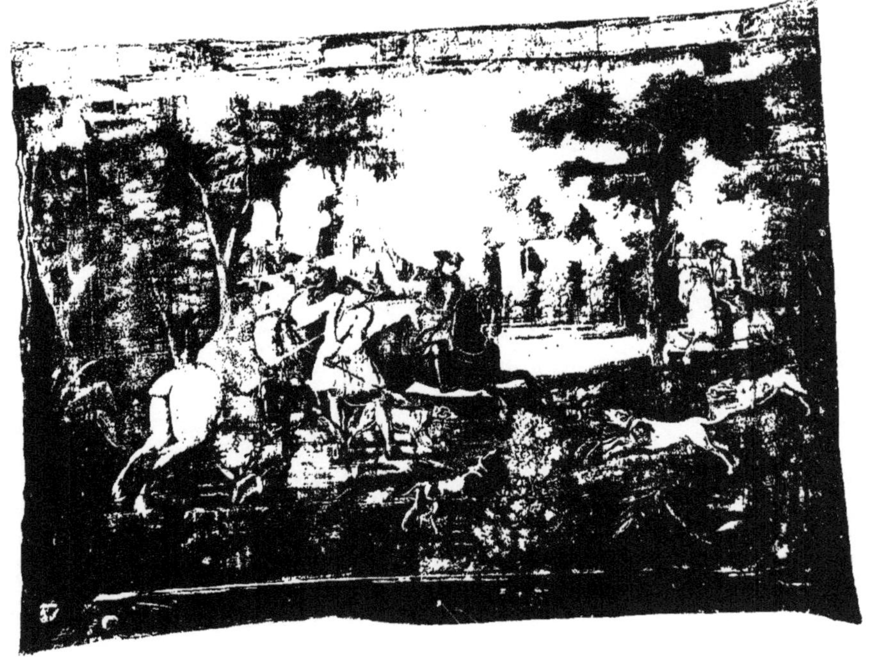

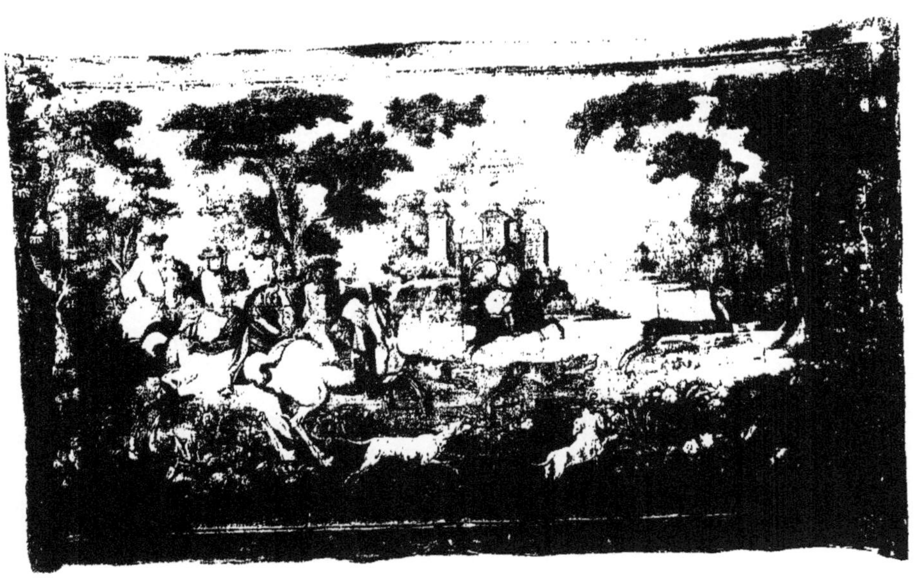

PLANCHE III.

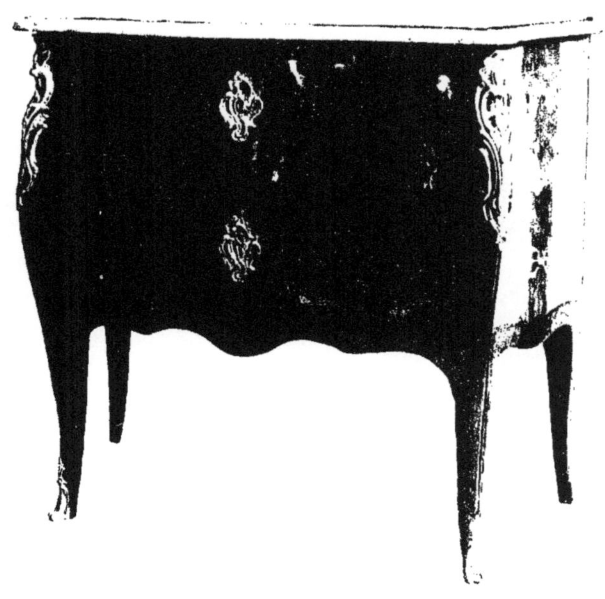

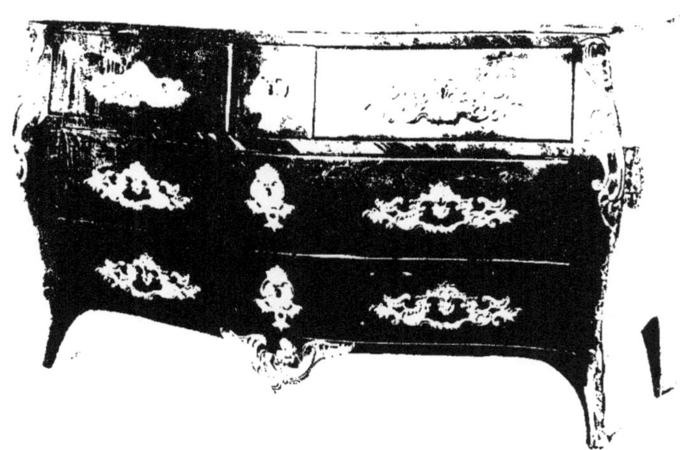

PLANCHE IV.

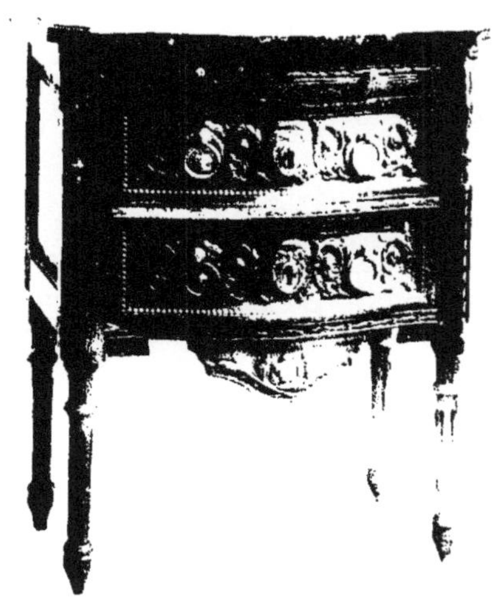

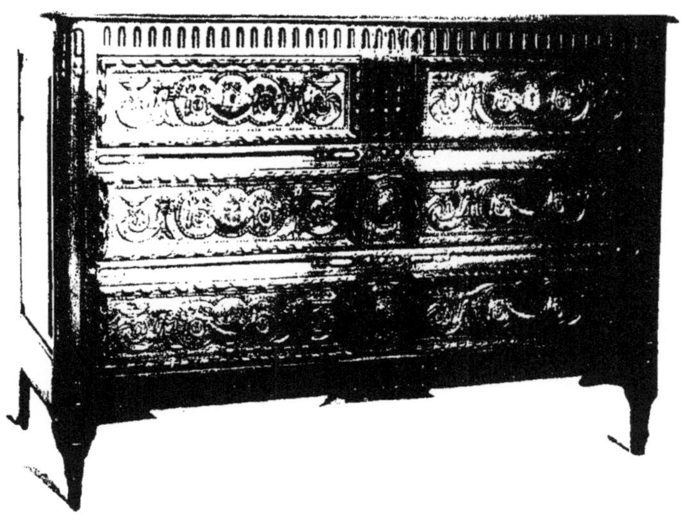

Planche V.

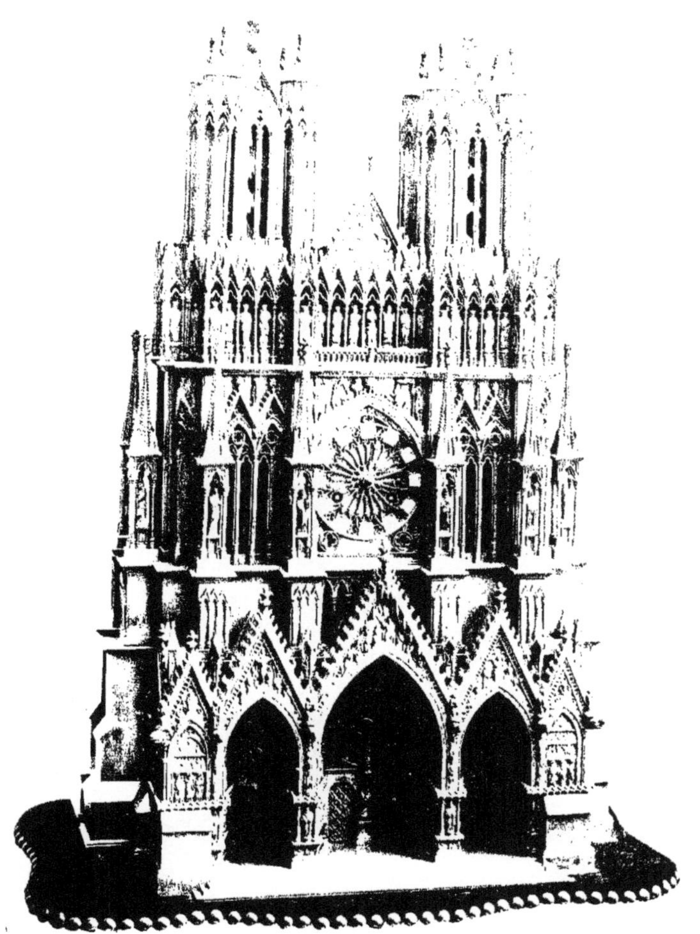

Planche VI.

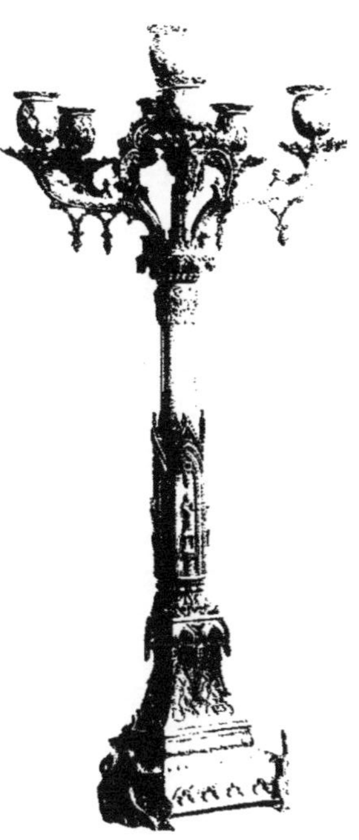

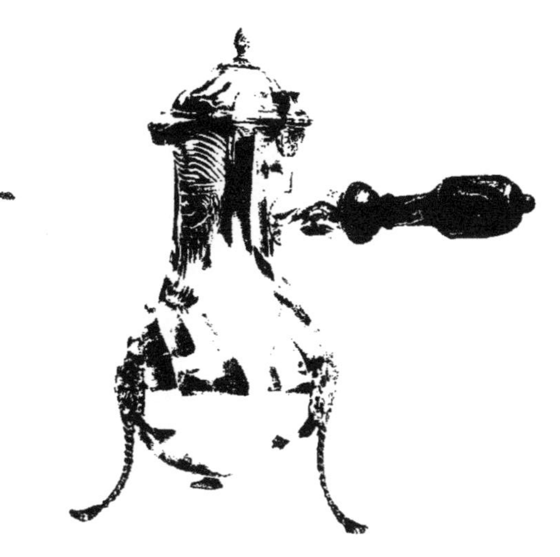

Planche VII.

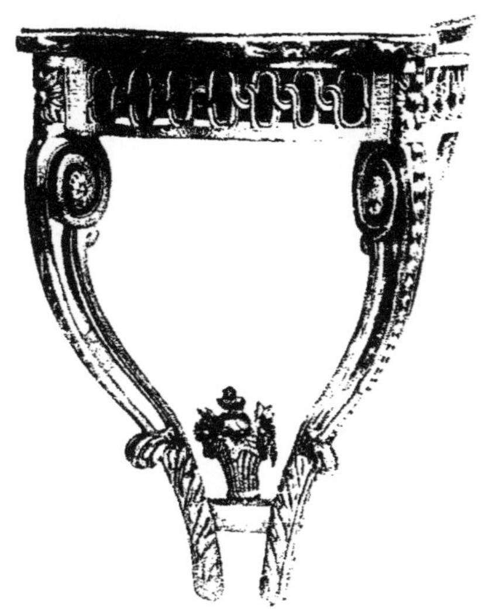

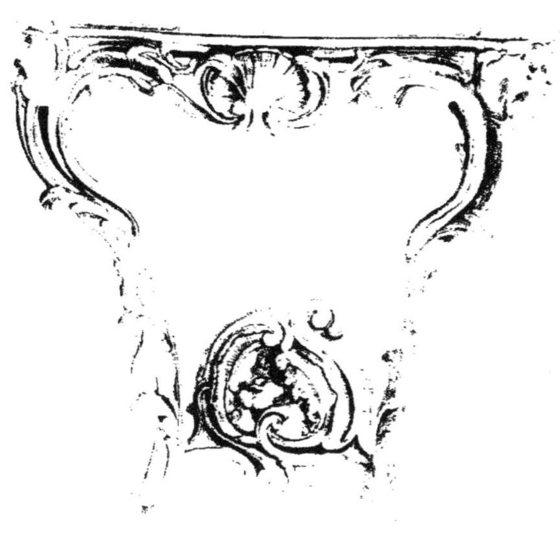

PLANCHE VIII.

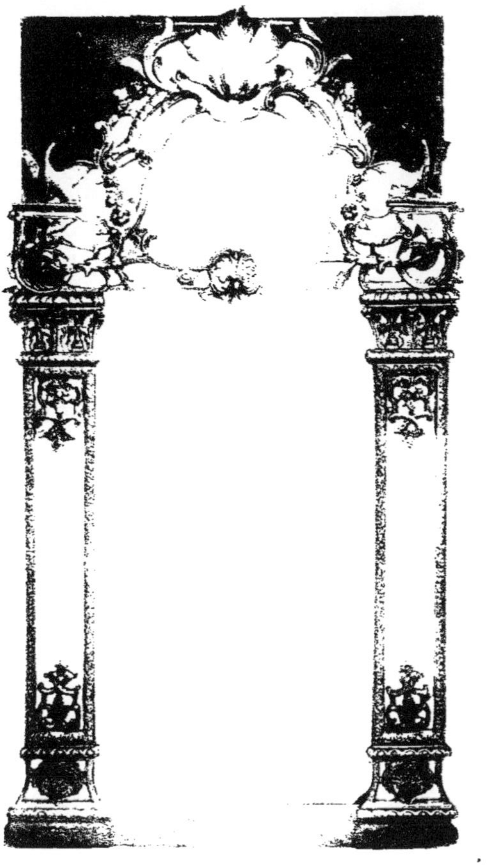

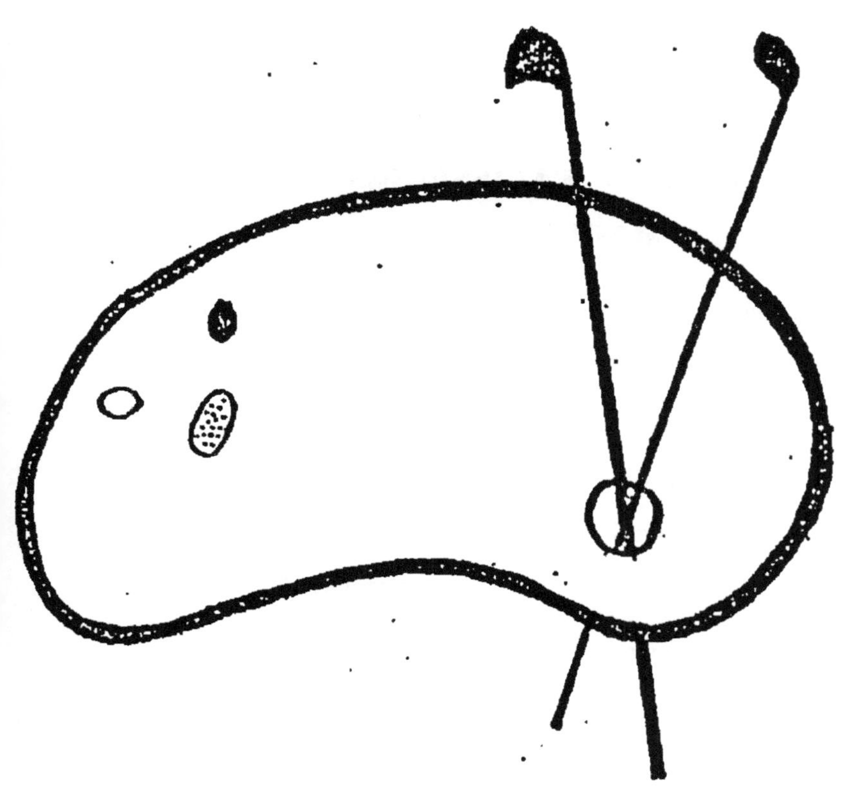

DÉSIGNATION

§ 1er — TAPISSERIES

MAQUETTES

1· Un panneau de tapisserie, avec bordures complètes, verdure et 9 personnages portant la marque

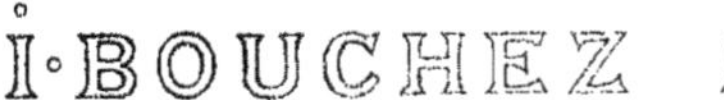

Sujet Orchestre de bal

Long. 6 m. 50 ; Haut. 3 m.

planche n· 1

2· Un panneau maquette d'un dessin de tapisserie

Sujet chasse

Long. 3 m. 90; Haut. 3 m.

planche n· 2

3· Un panneau maquette d'un dessin de tapisserie.

Sujet chasse

Long. 5 m. ; Haut 3 m.

planche n· 2

§ 2. — MEUBLES — CURIOSITÉS

4· Une Commode de style Louis XV avec cuivre d'époque différente, 4 tiroirs.

Largeur 1 m. 40 ; Haut 0 m. 84.

planche n· 3

5· Une commode style Louis XV, avec cuivre d'époque différente, 2 tiroirs.

Largeur 0 m. 95 — Haut. 0 m. 85

planche n· 3

6· Un petit meuble à tiroirs en cuivre.

planche n· 4

7· Commode bois sculpté, style Louis XVI.

Haut 0 m. 88 ; Largeur 124

planche n· 4

8· Une magnifique Pendule bronze doré, sujet façade cathédrale de Reims.

Haut. 0 m. 61.

planche n· 5

9· Deux Candélabres, bronze doré.

Haut. 0 m. 67.

type planche n· 6

10· Marabout argent colonnes torses.

planche n· 6

11· Deux Consoles Louis XV bois sculpté.

Haut. 0 m. 92.

type planche n· 7

12· Deux Consoles Louis XVI, bois sculpté.

Haut. 0 m. 82.

type planche n· 7

13· Très belle glace, cadre bois sculpté, surmontée de panneau peint.

Haut. de glace 2 m. 52, de panneau 0 m. 86.

planche n· 8

14· Autre glace, cadre bois sculpté, avec fronton.

Haut. 1 m. 76.

planche n· 8

§ 3. — OBJETS MOBILIERS

1· — **Petit Salon.** — Canapé. — Fauteuils. — Chaises. — Pouff. — Grande Glace. — Garniture de cheminée. — Pendules et Candélabres. — Lustre et bras style Empire. — Chenet. — Galerie.

2· — **Grand Salon**. — Style Louis XV, bois laqué blanc et velours. — 2 Canapés. — 6 Fauteuils — 6 Chaises. — Lustre et appliques en cristal. — Grande Glace. — 2 très jolis Vases porcelaine. — Jardinière Sèvres. — Chenet. — Galerie.

3· — **Grande Salle à manger**. — Grand Guéridon ovale. — 24 Chaises. — Très belle Suspension cuivre avec appliques. — Quatre appliques cuivre. — Table chêne sculpté. — Coffre chêne sculpté. — Porcelaine. — Cristaux.

4· **Salle de Billard.** — Billard. — Billes. — Queues. — Porte queues. — Banquettes — Fauteuils — Chaises — Tables à jeu. — Chenet et Galerie style Henri II.

5· — **Bureau.** — Grand Bureau style Louis XVI, acajou et bronze. — Table. — Bureau. — Fauteuils. — Cartonniers. — Caisse en fer de la maison B. Haffner aîné, haut. 1 m. 60. — Bibliothèque chêne sculpté. — Fauteuils. — Chaises. — Meubles divers.

6· — Garde-robes Chêne sculpté. — Meubles de fantaisie. — Secrétaires bois marqueté. — Encoignures 1/2 rondes style Empire. — Fauteuils-Bergères. — Fauteuils Louis XV et XVI. — Cadre bois sculpté. — Glaces. — Pendules, etc., etc.

7· — Tentures. — Rideaux. — Portières. — Tapis.

8· — Garniture de 3 pièces en porcelaine de Dresde. — Joli bois de Cerf. — Têtes de Chevreuil naturalisées.

9· — Chambres à coucher. — Lits. — Sommiers. — Literies. — Tables de nuit. — Lavabos. — Commodes, etc., etc.

10· — **Tableaux**. — Esquisse de Le Lièvre — Chien peint par De Gesne. — 2 paysages peints par J. Détré. — Gravures.

11· — **Très belle argenterie de table.** — Grands et petits Couverts. — Cuillères à café. — Service à découper et à salade. — Bouts de table et salières. — Couteaux à desserts et à fruits. — Plateau. — Marabout. — Sucrier. — Huilier. — Porte-Service. — Brochette, etc., etc.

12· — **Chauffage**. — Cuisinière. — Fourneaux divers. — Batterie de cuisine, etc.

Eclairage. — Jolie Lanterne style Louis XV. — Lampes. — Flambeaux, etc., etc.

Quantité d'autres articles.

13· — **Vins de différents Crus**. — Liqueurs.

Nota. — Les vins et liqueurs seront vendus le 19.

Expositions particulières le 13 Novembre de 9 heures 1/2 à midi et de 1 heure 1/2 à 5 heures.

Publique le 14 aux mêmes heures.

Le présent Catalogue servira de Carte d'entrée pour l'exposition particulière.

Imp. G. Hollande

www.ingramcontent.com/pod-product-compliance
Ingram Content Group UK Ltd.
Pitfield, Milton Keynes, MK11 3LW, UK
UKHW021316190726
13839UKWH00007B/1899